나를 소모하는 것들로부터 달아나기

청경채 엮고 옮김

—

오랫동안 영화와 관련 된 일을 했다.
현재는 1인 서점을 운영하며 책을 만들고 출간기획자로 살아간다.

나를 소모하는 것들로부터 달아나기

—

엮고 옮김 청경채
펴낸이 이제야, 이미현
기획 김병곤
편집 이제야
디자인 스튜디오 이제야1호점
주소 서울시 마포구 성산동 200-341, 402호
전자우편 properbook@naver.com

ISBN 979-11-990288-0-7 (03840)
개정판 1쇄 2024년 12월 9일

—

이 책의 판권은 지은이와 **도서출판 고유명사**에 있습니다.
양측의 서면 동의 없는 무단 전재 및 복제를 금합니다.

나를 소모하는 것들로부터 달아나기

데이비드 헨리 소로

청경채 엮고 옮김

월든 호수에서의 기록들
(1845-1847)

차례

기획의도 / 10km

러너스북 트랙 / 11km

작가 소개 / 12km

프롤로그 / 15km

에필로그 / 129km

기획의도

Curation book

고유명사의 러너스 북 <RUNNER'S BOOOK> 시리즈는 책과 달리기로 일상의 건강성을 회복하자는 모티브에서 출발되었습니다. 책은 우리의 정신을, 달리기는 우리의 신체를 건강하게 만들어 줍니다. 달리기의 정신과 철학을 바탕으로 러너스북 시리즈는 인생의 마라톤으로부터 지친 러너들에게 책이라는 휴식을 제공하기 위해 고전속에서 오랫동안 사랑받아온 작가의 문장을 선별해서 모은 큐레이션 북 시리즈입니다. 여행자들에겐 쉘터가 있고 순례자들에게는 알베르게가 있듯이 잠시 삶을 정비하고 다음 트랙으로의 도약을 준비하는 워터포인트<water point>같은 책이 되고자 합니다.

러너스북 시리즈 1편

나를 소모하는 것들로부터 달아나기
- 소로의 미니멀리즘

자연 속에서의 사색과 자아 성찰, 소로의 『월든』을 새롭게 보여준다. '러너스북'의 첫 번째 시리즈로 데이비드 헨리 소로(David Henry Thoreau)의 『월든』(Walden, or Life in the Woods)에서 주옥같은 문장들을 골라 편역했다. 월든은 헨리 데이비드 소로의 대표적 에세이로 1845년에서 1847년까지 물욕·인습의 사회와 인연을 끊고, 저자가 월든의 숲속에서 살면서 홀로 철저하고 간소한 생활을 영위하며 자연과 인생을 관찰하고 기록한 모음집이다. 이 책은 그 생활기록으로서 그의 인간과 사상의 정수를 엿볼 수 있다. 문체 또한 절묘하여 미국 수필문학의 최고봉이라 할 수 있다. 전 세계적으로 애독되며 특히 톨스토이와 간디에 깊은 영향을 주었다. 미국 문학의 대표작을 현대적 감각으로 재해석하여 독자에게 선보이고 있다.

작가소개

월든 호수에서의 기록들 (1845-1847)
헨리 데이비드 소로

헨리 데이비드 소로(Henry David Thoreau, 1817년 7월 12일 ~ 1862년 5월 6일)는 미국의 철학자·시인·수필가이다. 1817년 미국 매사추세츠주 콩코드에서 태어나 1862년 미국 콩코드에서 사망했다. 하버드 대학 졸업 후 가업인 연필 제조업, 교사, 측량 업무 등에 종사했지만 평생 일정한 직업에 정착하지 않고 곧 학업에 매진했다. '자연(수필)'의 저자인 초월주의자 랄프 왈도 에머슨 등과 친분을 맺었다. 소로는 결혼을 하지 않았으며 자녀도 두지 않았다. 1840년, 그의 나이 23살 때 18살인 엘렌 시월에 프로포즈를 했지만 그녀의 부친의 반대로 거절당했으며 소피라 푸어드는 그에게 프로포즈했지만 소로 자신이 거절했다. 소로는 종교 자체를 부인하지 않았으나 체계화되고 조직된 교회를 부인했다. 그는 모든 자연만물에 신성이 있으므로 교회와 목회자들이 필요하지 않다고 주장하였다. 그는 신이 현존하고 자신의 안과 밖에 존재한다고 믿었다. 자비 출판한 첫 작품 《콩코드 강과 메리맥 강에서의 일주일》(A Week on the Concord and Merrimack Rivers, 1849년)은 젊어서 세상을 떠난 형과 선상 여행을 정리한 수필로 당시의 사회에서는 전혀 받아들여지지 않았다. 대표작 《월든 - 숲속의 생활》(Walden, 1854년)은 2년 2개월에 걸친 숲에서 혼자 기록을 정리한 것이며, 그 사상은 이후 시대의 시인과 작가에게 큰 영향을 주었다. 소로우의 사후 《메인의 숲》(The Maine Woods, 1864년)과 《케이프 콧》(Cape Cod, 1865년) 등의 여행기와 자연을 쓴 에세이, 일기, 서간집 등 수많은 작품이 출판되었다. 소로우의 작품은 인간과 자연과의 관계를 주제로 한 것이 많고, 자연 문학(Nature writing)의 거장으로 평가받는다. 그의 일생은 물욕과 인습의 사회 및 국가에 항거해서 자연과 인생의 진실에 관한 파악에 바쳐진 과감하고 성스러운 실험의 연속이었다. 노예제도와 멕시코 전쟁에 항의하기 위해 홀로 월든의 숲에서 작은 오두막을 짓고 살기도 했으며, 인두세 납부 거부로 투옥도 당했고, 후에는 노예 해방 운동에 헌신하였다. 그의 그러한 정신은 '시민 불복종'으로 이어진 마하트마 간디의 인도독립 운동과 마틴 루터 킹 목사의 시민권 운동,

레프 톨스토이 등에 사상적 영향을 주었다. 에머슨과 함께 위대한 초월주의 철학자이자 미국 르네상스의 원천이었다. 그는 자연과학자이기도 하며 주요 저서로는 《월든》 《시민 불복종 (소로)》 등이 있다. 최근에는 미니멀리즘의 선구자로 해석되고 있다.

프롤로그

나는 숲으로 갔다. 내 의지로 삶의 본질을 붙잡고 맞닥뜨리고 싶었기 때문이다. 자연에서 얻은 삶을 통해 내가 뭘 배울 수 있는지 확인해보고 싶었다. 죽음 직전에 가서야 후회하는 삶은 살고 싶지 않았다. 나는 삶이 아닌 삶을 살고 싶지 않았다.

*

1845년 3월 말쯤 나는 도끼 하나를 빌려 월든 호숫가의 숲으로 내려갔다.

가능하면 숲 가까이에 집을 지을 생각이었다.

나는 농부에게 도끼 하나를 빌렸다.

그는 자신의 도끼를 빌려주며 눈동자처럼 소중한 것이라고 말했다.

사람들이 일순간 서로의 눈동자를 들여다보는 것보다 더 큰 기적이 있을까?

*

숲속의 그 농부는 매일 자신의 눈동자를 나무 위에 내리찍으며 산다.

*

가진 게 많으면 대추야자나무처럼 아낌없이 나누라. 그러나 나눌 것이 없거든 삼나무처럼 자유인이 되어라.

*

보잘것없는 것들을 모으기는 했지만 그것들을 어떻게 버려야 할지 몰라, 스스로 족쇄를 채우고 만 이들에게 내 이야기를 전해주고 싶다.

*

나는 태양이 뜨는 일에 실제로 기여한 바가 없다. 하지만 태양이 뜨는 시간을 함께 했다는 것만으로 내게는 지극히 의미 있는 일이 될 수 있다.

*

인간은 자신의 집을 스스로 짓는 즐거움을 누릴 수 있다. 언제까지 목수에게 그 즐거움을 양보해야 하는가?

*

이 나라에서 가장 호기심이 생기는 집은 가난한 사람들의 집이다.
형편없고 초라하지만 가식 없이 지은, 있는 그대로의 통나무집과 오두막집이다.

*

돈 때문에 집을 짓는 목수는 '관 짜는 사람'에 다름 아니다.

*

우리가 정말로 인디언적이고 식물적이며 자연적인 방법으로 인간을 구원하려 한다면, 먼저 자연의 단순함으로 돌아가 건강해져야 한다. 이마 위에 가득한 구름을 걷어내고, 작은 생기 하나하나를 온몸의 숨구멍으로 받아들여야 한다.

*

미개인들은 나뭇잎과 몇 가지 재료만으로 자기 집을 가질 수 있다. 하지만 문명인들은 집을 가질 경제적 능력이 없기 때문에 세 들어 살아야 한다. 시간이 흐른다고 사정이 나아지는 것도 아니다. 미개인들은 자연에 세를 내지 않고도 행복하다.

*

우리가 죽지 않기 위해 가장 필요한 것은 몸의 온기를 유지하는 것이다. 생명을 유지하려면 체내에 열을 유지해야 한다. 이런 이유로 우리는 고생하며 음식과 의복과 보금자리를 마련하고, 잠자리를 마련하려고, 새들에게서 둥지와 가슴털을 빼앗는다.

*

우리 사회에 철학 교수는 많아도 철학자는 없다. 옛날에는 철학자로 사는 것이 찬양받을 일이었다면, 이제는 철학을 가르치기만 해도 대접받을 만하다. 철학자의 일은 이해하기 어려운 생각을 하는 것이 아니다. 학파를 일으키는 것보다 지혜를 사랑하며, 검소하고 신뢰감을 주는 삶을 사는 것이다. 무엇보다 철학자의 일은 삶의 문제를 해결하는 것이다.

*

끝이 보이지 않는 불안과 고뇌에 빠진 사람은, 매번 자신의 고통과 자기 업무의 중요성을 과장하곤 한다. 하지만 아직 시작도 하지 않은 일이 얼마나 많은가!

*

나는 이 고장의 젊은이들이 불행하게도 농장, 주택, 창고, 가축 및 농기구들을 유산으로 물려받는 것을 본다. 이런 것들은 일단 가지게 되면 버리기가 쉽지 않다. 그들에게는 차라리 광막한 초원에서 태어나 늑대의 젖을 먹고 자라는 편이 나았을 것이다. 그랬다면 자신이 힘들어 가꾸어야 할 땅을 보다 맑은 눈으로 볼 수 있었을 테니.

새들에게서
둥지와 가슴 털을
빼앗는다.

*

인간에겐 착각이 존재해서 고생을 하는 것이다.
사람들은 그릇된 생각으로 인해 고생하는 것이다.

*

인간의 쓸모 있는 부분은 모두 언젠간 흙속으로
들어가, 거름이 되어 버린다.

*

세상에서 가장 지혜로운 사람이라 해도 그가 사는 동안 절대적 가치를 발견했을 거라고는 생각하지 않는다.

*

나는 내가 태어난 땅에서 30년 정도를 살았지만, 앞선 이들에게서 쓸모 있고 진지한 인생의 조언은 아직까지 한 번도 듣지 못했다. 그들은 내게 아무것도 말해주지 않았다. 어쩌면 나에게 해줄 만한 쓸모 있는 말은 전혀 모르기 때문일 수도 있다. 내가 거의 시도조차 하지 않은 실험, 삶이 내 앞에 펼쳐져 있다.

*

한 농부가 내게 "풀잎만 먹고는 살 수 없어요. 풀잎에는 뼈가 될 만한 영양소가 없으니까요." 라고 말한다. 그는 뼈에 필요한 영양소를 자신의 몸에 공급하기 위해 소들의 뒤를 따라가며 하루를 바친다. 하지만 소들은 풀잎만 먹고도 뼈를 만들며, 굴하지 않고 쟁기를 끌며 앞으로 나간다.

*

나는 건강하고 용기 있는 사람들에게 무언가 가르침을 줄 생각으로 이렇게 말하는 것이 아니다. 또 열정적으로 자신의 삶을 소중히 생각하는 사람들에게도 충고를 할 생각은 없다.
내가 말을 건네고자 하는 사람들은, 불만에 가득 차 자신의 운명이나 시대가 가혹하다고만 여기고 불평을 늘어놓을 뿐, 그런 상황을 바꾸어 보려고 노력하지 않는 사람들이다.

*

사람들이 성공한 삶이라 여기고 예찬하는 삶은 그저 삶을 살아가는 방법들 중 하나에 지나지 않는다. 그런데 하나의 삶만을 예찬할 이유가 어디에 있는가?

*

이 시대는 존경받고 있는 대상보다는 무엇이 존중받고 있는가를 고민할 때이다.
개도 벌거벗은 사람 앞에서는 짖지 않는다. 사람의 옷을 벗기면 몇 명이나 권위를 가질 수 있을까?

33 Km

*

새들이 털갈이를 하듯 우리가 털갈이를 할 때는 우리 삶에 전화기가 필요한 때다. 물새는 잔잔한 호수로 흘러다니며 털갈이를 한다. 내면에서 뻗어나온 것으로 뱀도 허물을 벗고 애벌레도 껍질을 벗고 나온다. 옷은 우리 내면의 가장 바깥에 존재하는 껍질이며 인생을 뒤엉키게 할 뿐이다.

*

유행의 여신을 따라가는 것은 누군가 남겨놓은 음식물 앞에서 구더기가 부화하는 것을 지켜보는 것이며, 헛수고에 불과하다.

*

그 사람이 입은 옷이 신비로움에 가득 차 있는 것은, 그가 보여주는 진실한 눈빛과 그 사람의 내면에서 흘러나온 진실한 생명성 때문이다.

*

가족이 주는 안정감이 아니라 집이 주는 만족감 때문에 가정을 가지는 것은 바보짓이다.

*

인간은 원래 야영을 하고 살았다. 인간은 팔과 다리가 강하지 않기 때문에 이 세계를 좁혀서 사용했고, 자신에게 안전한 공간을 찾아 벽을 쌓아올려야 했다.

*

인간은 처음에 나뭇잎으로 몸을 가렸다. 그리고 집을 갖기를 원했다. 인간은 온도와 편안함이 있는 공간을 찾아다녔다. 공간은 육체의 온기를 담기 시작했고 그 후에는 사랑의 온기를 담기 시작했다. 그리하여 이제 우리는 자연에서 사는 의미를 전혀 모르게 되었다. 이제 우리는 생각보다 훨씬 많은 시간을 스스로 좁은 벽을 세우고 그 안에서 삶을 유지하는 데 쏟는다.

*

문명이 인간의 조건을 형성하는 것이라면 불필요한 재산을 모아 기껏해야 장례식 비용을 부담하는 정도에 문명이 쓰이고 있다. 그렇다면 정직하게 실패한 사람이 낫다.

*

문명은 멋진 궁전을 세웠지만, 왕과 귀족을 같은 수준으로 이끌진 못했다.

*

한 계급의 성공은 다른 계급의 빈곤으로 균형이 맞춰진다. 한쪽에는 소란스런 왕궁이 있고, 다른 쪽엔 빈민의 침묵이 있다.

*

왜 우리는 더 많은 것을 얻느라 늘 골머리를 썩일까? 작은 것으로 만족하는 법을 배워야 하지 않을까?

나는 어디에서

무엇을 위하여

살았는가

*

누군가가 나를 대신해서 생각하고 있을지도 모른다. 그런데 내가 스스로 생각하지 않고, 다른 사람이 나를 대신해서 생각한다는 건 그리 좋은 일이 아니다.

*

자기 자신이 하나의 소우주임을 느낀다면 진정한 깨달음이 시작된다. 미숙함에서 벗어나 삶은 건강해지고, 세계의 향기로 즐거워진다. 혁명가가 실제로 슬픔이라는 곤경에 빠지는 것은 이웃에 대한 연민이나 동정심 때문이 아니다. 그가 앓고 있는 병 때문이다.

*

그것은 평범함의 너머에 있다.

우리가 원하는 미덕은

대담하고 너그러운 행동,

왕들의 당당함,

세계를 꿰뚫어 보는 예리함,

끝없는 곳에서 시작하는

그것은

나는 어디에서 무엇을 위하여 살았는가.

*

인생의 어느 시점에 이르면, 자신이 마주하는 모든 장소를 두고 자신이 살 만한 집인가 생각해 보게 된다.

*

내가 어디에 있든 나는 그곳에 살 가능성이 존재한다. 그때부턴 풍경도 내 몸의 일부가 된다.

45 Km

*

어떤 이는 "새가 없는 집은 요리가 되지 못한 고기와 같다"라고 말한다.

내 집엔 새가 많았다. 이곳에서 나는 새들의 이웃이 되어 있었다. 이는 집 근처에 새를 잡아 두었기 때문이 아니라, 새들 곁에 내가 집을 지었기 때문이다.

47 Km

*

해가 뜨면, 호수는 산허리에서 흘러온 이슬로 덮여 있었다. 나무에 맺힌 이슬은 마치 물 위에 떠가는 빵조각처럼 보였고, 내가 사는 이곳은 그저 남모를 황야에 불과하다는 걸 느끼곤 했다. 내 마음에 충분히 널찍한 초원이 있었다.

*

나는 아침 일찍 일어나 호수에서 목욕을 했다. 그 행위는 일종의 종교의식이었고, 내가 가장 잘한 행위 중 하나였다. 중국 탕왕의 욕조에는 이런 취지에서 "매일 네 자신을 완전히 새롭게 하라. 매일 똑같이 되풀이하고 영원히 그렇게 하라"라는 글이 새겨져 있다고 전해진다.

*

하루하루 자신에게 신성한 새벽의 시간이 남아 있다.

*

최고의 예술작품은 자신의 하루에 어떤 질적인 부분으로 영향을 미치는 것이다. 아주 사소한 부분까지 명상해 볼 만한 가치가 있도록, 사람은 자신의 삶을 가꿀 의무가 있다.

*

오래전에 우리가 인간으로 진화했다고 말하지만, 우리는 아직도 개미처럼 비천하게 살아가고 있다. 또 우리는 소인족처럼 두루미들과 싸우고 있다. 엎친 데 덮친 격이고, 얻어맞은 데 또 얻어맞은 셈이다. 이런 경우, 우리 최대의 장점은 충분히 피할 수 있는 일에도 쓸데없이 불쌍한 모습을 띠고 마는 것이다. 우리 삶은 아무것도 아닌 일로 우왕좌왕한다.

*

왜 우리는 쫓기는 삶을 살면서 인생을 낭비해야 하는가? 배고프기도 전에 굶어 죽겠다고 다짐하는 것처럼 우리는 살고 있다.

*

어떤 사람은 낮잠을 자고 일어나 "무슨 새로운 소식 없나?"라고 묻는다. 어떤 사람은 30분마다 깨워달라고 부탁하지만, 특별한 목적도 없이 조급해할 뿐이다.

*

자신의 삶이 지나가도록 낭비하는 사람들은, 한 남자가 와시토 강변에서 그날 아침 두 눈을 뽑혔다는 기사 같은 것만 좋아한다.

*

가짜들이 진실을 대변하고, 진실을 가진 자들은 거짓처럼 사라지는 세상이다.
인간이 진실을 그렇게 추구하며 살아왔음에도 세상은 거짓말처럼 진실스럽다.

*

차분하고 분별력 있는 삶을 살면 진실되고 위대한 가치들을 알게 된다. 사사로운 두려움이나 쾌락은 삶의 그림자에 불과하다는 것을 알게 되고, 이를 깨달으면서 우리는 용기를 얻을 수 있다. 하지만 사람들은 진정한 삶을 외면해버리고 겉모습에 속아버리면서 일상의 관습에 빠져버린다. 그러한 일상은 착각과 허구로 이루어진 삶일 뿐이다.

57 Km

내가 어디에 있든
나는 그곳에
살 가능성이
　　　존재한다.

*

어른들은 삶의 가치를 잘 알지도 못하면서, 실패의 경험들을 겪은 덕분에 자신들이 아이들보다 현명하다고 생각한다. 하지만 때론 아이들이 삶의 규칙들이나 관계들에 더 명확한 구별을 해내곤 한다. 삶을 놀이로 대하면서 친해지기 때문이다.

*

하루만이라도 자연처럼 살아가 보길 권한다.

*

올바른 독서, 즉 참다운 책을 참다운 정신으로 읽는 것은 고귀한 운동이며, 요즘 세태가 높이 평가하는 어떤 운동보다도 독자에게 힘든 운동이다. 이는 운동선수들이 받는 것과 같은 훈련이 요구되며, 책을 읽겠다는 마음가짐을 거의 평생 동안 유지해야 하기 때문이다.

*

당신의 운명을 읽고, 당신 앞에 놓인 것을 읽어라.
그리고 미래를 향해 나아가라.
우리는 자신의 내면에서 삶의 동기를 찾아야 한다.
정말이다! 자연의 하루는 무척 차분해서, 인간의 나태함을 좀처럼 꾸짖지 않는다.

*

나는 아직까지 고독만큼이나 편안한 친구를 만난 적이 없다. 대부분의 경우, 우리는 방에서 혼자 지낼 때보다 밖에 나가 사람들 사이에 있을 때 더 외롭다. 생각하거나 일하는 사람은 언제나 혼자다. 그런 사람은 혼자 생각하고 혼자 일하도록 내버려 두자. 고독은 당사자와 다른 사람 사이에 놓인 공간의 거리로 측정되는 것이 아니다.

*

농부는 하루 종일 밭이나 숲에서 혼자 일하면서 괭이질하고 나무를 베지만 외로움을 느끼지 않는다. 몰두해서 일하기 때문이다.

*

우리는 너무 혼잡하게 살며, 서로를 방해하고 서로에게 걸려 넘어진다. 그래서 서로에 대한 존경심을 잃어가고 있는 듯하다.

*

신은 늘 혼자다. 그러나 악마는 결코 혼자가 아니다. 악마에게는 많은 패거리가 있다. 이런 점에서, 악마는 군대다. 드넓은 초원에 덩그러니 혼자 있는 멀런이나 민들레, 콩잎과 수영, 등에와 호박벌이 외롭지 않듯이 나도 외롭지 않다. 밀브룩, 풍향계, 북극성, 남풍, 4월의 소나기, 1월의 따뜻한 날씨, 새집에 처음 거미줄을 친 거미가 외롭지 않듯이 나도 외롭지 않다.

*

내 집에는 세 개의 의자가 있다. 고독을 고집하려면 의자 하나로 충분하고, 우정을 위해서는 두 개의 의자, 사교를 위해서는 세 개의 의자가 있어야 하는 법이다.

*

국가와 마찬가지로 개인 사이에도 적당히 넓은, 자연스러운 경계뿐만 아니라 중립 지역이 필요하다.

*

말은 잘 듣지 못하는 사람의 편의를 위해 존재하는 것이다. 그러나 우리가 고함을 질러서는 제대로 전달할 수 없는 미묘한 것이 많다.

*

많은 여행자가 그들이 가던 길에서 벗어나, 나를 만나고 내 집의 내부를 둘러보려고 와서는 방문의 구실로 물 한 잔을 청했다. 그럼 나는 호수 물을 떠 마신다고 대답하고, 호수를 가리키며 국자를 빌려주겠다고 말한다.

*

나이나 성별을 막론하고, 시대에 뒤처지며 의지가 약한 사람들과 소심한 사람들은 걸핏하면 질병과 급작스런 사고 및 죽음을 생각했다. 그들에게 삶은 위험으로 가득한 것인 듯했다—하지만 아예 위험이란 걸 고려하지 않는다면 어떤 위험이 있겠는가.

*

콩코드의 모든 강과 호수는 두 가지 색을 띤다. 하나는 본래의 색에 가까운 색이고, 다른 하나는 멀리서 보면 그날의 하늘색을 닮았다.

*

눈을 뜨고 일어나, 내 운명이 나를 어느 기슭으로 데려왔는지 둘러보았다. 그때는 아무것도 하지 않는 무위가 가장 매력적이고 생산적인 시기였으므로, 나는 하루에서 가장 소중한 시간을 그런 식으로 보내고 싶어 툭하면 오전에 호수로 빠져나왔다.

*

농부들이 가난해질 때마다 그들에 대한 나의 존경과 애정도 커진다.

*

풍경에 사람 이름을 붙일 거라면 가장 고귀하고 존경할 만한 사람의 이름으로 해야 한다.

하루 하루
자신에게 신성한
새벽의 시간이
    남아 있다.

*

밤이 되면 우리는 집으로 돌아온다. 자신이 아침에 뱉어낸 공기를 저녁에 다시 마시며 사람들의 인생은 시들어 가고 있다. 그림자가 매일 우리가 다니는 길보다 멀리 뻗어 있다. 그림자도 매일 먼 곳에서 집으로 돌아와야 한다. 우리는 모험과 위험을 통해 얻은 발견의 세계에서 새로운 인간으로 돌아와야 한다.

*

자신의 고결하고 시적인 능력을 최상의 상태로 유지하기 위해 진지하게 노력해본 사람이라면 누구나 동물성 음식을 멀리하고, 어떤 종류의 음식이든 과식을 피하려 했을 거라고 나는 굳게 믿는다.

*

몇몇 곤충은 완전히 성장한 후 섭식기관을 잘 갖추고 있어도 그 기관을 사용하지 않는다.
"완전히 성장한 후에는 유충의 상태에 있을 때보다 훨씬 덜 먹는 것이 거의 모든 곤충의 일반적인 현상이다"라며 "게걸스레 먹는 애벌레가 나비로 변하고… 탐욕스레 먹는 구더기가 파리로 변한 후에는" 한두 방울의 꿀이나 그 밖의 달콤한 과즙으로 만족한다고 덧붙였다.

*

우리에겐 자신을 축복해야 할 이유가 언제든 남아 있다.

*

또 나는 아편 중독자의 천국보다 자연의 하늘을 더 좋아하는 이유와 똑같은 이유로, 아주 오래전부터 물만 마신 것이 다행이라고 생각한다. 나는 언제나 맑은 정신을 유지하고 싶다. 뭔가에 취하고자 한다면 한도 끝도 없다. 나는 물이 지혜로운 사람의 유일한 음료라고 생각한다.

나는 예전보다 지혜로워진 것이 아니라, 시간이 지나면서 스스로 세상에 무관심해진 것이다.

*

젊은이는 나이가 들면 결국 무감각하게 변하지만, 우주의 법칙은 어떤 경우에도 무감각해지지 않으며 여전히 예민한 사람의 가까이에 있게 된다.

*

언제가 나는 돼지의 아래턱뼈를 주웠다. 하얗고 건강한 엄니에서 정신적인 건강이나 활력과는 뚜렷이 다른, 동물적인 건강과 활력이 존재함을 읽어낼 수 있었다. 그 돼지는 절제와 청결과는 다른 수단으로 성공적인 삶을 누렸던 게 분명했다. 맹자의 말을 빌리면 "인간이 금수와 다른 점은 지극히 사소한 부분 때문이다. 범인은 그 차별점을 금세 잃어버리나 군자는 조심스레 유지한다."

*

우리가 정신적으로 나태할 때 생산적인 에너지는 헛되이 낭비되며 우리를 불결하게 만들지만, 절제할 때는 그 에너지가 우리에게 활력을 주고 영감을 준다. 순결은 인간성을 꽃피우기 위한 조건이다.

85 Km

*

나는 나뭇잎이 바스락거리는 소리, 붉은 다람쥐와 어치가 요란하게 떠들어대는 소리를 들으며 숲을 걸어 다녔고, 때때로 녀석들이 반쯤 먹은 밤을 훔치기도 했다. 녀석들이 고른 밤송이에는 확실히 옹골찬 밤이 들어있기 때문이었다. 때로는 나무에 기어올라 나뭇가지를 흔들기도 했다.

*

온 땅이 눈으로 덮인 뒤에도 밤마다 기러기들은 어둠 속에 날아와 요란하게 울어대며 날개를 펄럭였는데, 어떤 녀석들은 월든 호수에 내려앉고 어떤 녀석들은 숲 위를 아슬아슬하게 스치며 멕시코를 향해 페어헤이븐 쪽으로 날아갔다.

우리에겐
자신을 축복해야 할
이유가 언제든
남아 있다.

*

월든 호수는 1845년 12월 22일 밤에야 처음으로 완전히 얼어붙었다.

*

그때부터 내가 밖에서 할 일은 숲에서 마른 가지를 수거해 품에 안거나 어깨에 짊어지고 헛간에 옮기는 것이었다. 때로는 죽은 소나무를 양겨드랑이에 한 그루씩 끼고 질질 끌며 돌아오기도 했다. 이미 제 몫을 다한 낡은 숲 울타리는 내게 뜻밖의 소득이었다.

*

모든 사람이 자신의 장작더미를 애정 어린 눈길로 바라본다. 나는 창문 앞에 장작을 쌓아두는 걸 좋아한다. 나무토막이 높이 쌓일수록 내가 즐겁게 일하던 순간들이 더 잘 떠오른다. 내게는 주인이 누군지 모를 낡은 도끼 한 자루가 있었다.

*

송진이 많은 소나무 토막들은 그야말로 보물이었다. 불길을 살리는 이런 땔감이 땅속에 아직 엄청나게 감춰져 있다는 사실을 떠올리는 것도 흥미로운 일이다.

*

가장 야생적인 동물들도 인간과 마찬가지로 안락하고 따뜻한 걸 좋아하기 때문이다. 두더지들은 무척 신중하게 그런 공간을 마련하기 때문에 겨울을 무사히 넘긴다. 내 친구들 중 일부는 내가 일부러 얼어 죽으려고 숲에 들어간 것처럼 말했다. 동물은 안전한 곳에 잠자리를 만들고, 자기 몸으로 잠자리를 덥힐 뿐이다. 그러나 인간은 불을 발견한 덕분에 널찍한 방에 공기를 가두고 방을 덥힌다. 달리 말해, 자기 온기를 빼앗기는 대신 방을 덥혀 잠자리로 만든다.

*

화로는 공간을 차지하고 집에 냄새를 풍기는 데다 불이 보이지 않는다. 그래서 나는 친구 하나를 잃어버린 듯한 기분이었다. 불에서는 언제나 어떤 얼굴이 보인다. 노동자는 저녁이면 불을 들여다보며, 낮 동안 쌓인 무가치한 것과 불순물을 생각에서 지워내지만, 나는 이제 불 앞에 앉아 불을 들여다볼 수 없다. 그 때문인지 한 시인이 적절히 표현한 시구가 새로운 힘을 얻어 내 기억 속에 되살아났다.

95 Km

*

내 집에서 흘러나온 불빛 때문에 호수에 앉으려던 계획을 포기한 듯 월든 호수 위를 날아 페어 헤이븐을 향하고 있었다. 그 사이 대장 기러기는 일정한 소리로 계속해서 크게 울어댔다.

*

자연은 어떤 질문도 하지 않지만, 대신 우리 인간이 묻는 어떤 질문에도 대답하지 않는다.

*

강꼬치고기가 물 밖에 끌려 올라오면, 제명도 살지 못하고 하늘의 희박한 공기로 옮겨가는 인간처럼 몇번 경련을 일으키고는 쉽게 자신의 혼을 포기해버린다.

오래전에 잃어버린 월든 호수의 바닥을 되찾고 싶어 나는 1846년 초 얼음이 녹기 전에 나침반과 시슬과 측연선으로 호수 바닥을 세밀하게 측정했다. 월든 호수의 바닥에 대해서는 설왕실래가 많았다. 심지어 바닥이 없다는 말까지 있었지만, 그런 이야기들에는 어떤 근거도 없었다. 사람들이 수심도 측정하지 않고 어떤 호수에는 바닥이 없다고 오랫동안 믿는 걸 보면 놀랍기만 하다. 어느 날 나는 이 부근을 산책하면서 바닥이 없다는 호수를 두 곳이나 마주쳤다. 심지어 월든 호수가 지구의 반대편까지 완전히 뚫려 있다고 믿는 사람도 많았다.

*

인간이 무한의 세계를 믿는 동안 앞으로도 몇몇 호수는 바닥이 없는 호수로 여겨질 것이다.

*

산에서 가장 높은 곳이 가장 좁은 곳은 아니지 않은가.

99 Km

*

월든 호수의 얼음도 호숫물처럼 가까이에서 보면 은은한 녹색을 띠지만, 멀리서는 아름다운 짙푸른 색을 띤다. 따라서 월든의 얼음은 4분의 1마일쯤 떨어진 곳에서 하얗게 보이는 콩코드 강의 얼음이나, 단조로운 녹색을 띠는 어떤 호수의 얼음과는 쉽게 구분된다. 때때로 커다란 얼음덩어리가 인부의 썰매에서 마을을 지나는 길에 미끄러져 떨어지면, 그것은 일주일 동안 커다란 에메랄드처럼 그 자리에서 반짝거리며 지나가는 사람들의 관심거리가 된다. 나는 월든 호수가 액체 상태에서는 녹색을 띠지만, 얼면 동일한 시점에서 푸른색으로 보인다는 사실을 알아냈다. 따라서 겨울에는 호수 근처에 새긴 웅덩이들이 호수 물처럼 녹색을 띤 물로 채워졌다가, 다음 날에는 얼어붙어 푸른색을 띠기도 한다. 물과 얼음이 푸른색을 띠는 이유는 그 안에 담겨 있는 빛과 공기 때문인 듯하다. 가장 투명한 색은 그야말로 새파랗지 않은지, 얼음은 명상을 위한 흥미로운 주제다. 인부들은 프레시 호수에 있는 얼음 창고에 5년이나 묵은 얼음이 있는데 여전히 생생하다고 내게 말했다. 양동이에 든 물은 금세 썩는데, 언 물은 언제나 맛있는 이유가 무엇일까? 이런 차이가 바로 감성과 지성의 차이라고 흔히 말한다.

*

내가 숲에 가서 살아야겠다고 생각한 이유 중 하나는, 봄이 오는 걸 지켜볼 여유와 기회를 얻고 싶어서였다. 이윽고 호수의 얼음이 벌집 모양으로 변하기 시작하면 뒤꿈치를 대고 얼음 위를 걸을 수 있었다. 안개와 비, 그리고 한결 따뜻해진 햇살에 눈이 조금씩 녹는다. 낮시간도 점점 눈에 띄게 길어진다. 장작을 더 마련하지 않아도 겨울을 이겨낼 수 있을 것 같다. 이제부터는 큰불을 피우지 않아도 되기 때문이다. 나는 신경을 곤두세우고 봄의 첫 징조를 기다린다. 때맞춰 찾아오는 새가 지저귀는 뜻밖의 울음소리, 지금쯤 겨울을 나려고 저장한 식량이 거의 바닥났을 줄무늬다람쥐의 찍찍거리는 소리를 들으려 귀 기울이거나, 우드척이 동면하던 곳에서 위험을 무릅쓰고 나오진 않는지 보려고 애쓴다.

*

노인이 자연의 경이로운 작용에 대해 말하는 걸 들을 때마다, 노인과 자연 사이에는 어떤 비밀도 없는 것 같아 나는 놀랍지 않을 수 없었다.

*

어둠이 더 짙어졌을 때 나는 기러기들이 숲 위를 나지막이 날아가며 우는 소리에 깜짝 놀랐다. 남쪽의 소우에서부터 날아오느라 지친 여행자들이, 뒤늦게야 도착해서 마음 놓고 불평을 터뜨리며 서로에게 위로의 말을 건네는 것 같았다. 나는 문 앞에 서서 기러기들이 세차게 날갯짓하는 소리를 들을 수 있었다. 내 집을 향해 날아오던 기러기들은 집에서 새어 나온 불빛을 보고는 소리를 죽이고 방향을 바꿔 호수에 내려앉았다. 그래서 나는 집에 들어가 문을 닫았다. 그리고 숲에서 처음 맞은 봄날 밤을 보냈다.

*

기러기는 우리보다 훨씬 세계인에 가까운 듯하다. 캐나다에서 아침을 먹고 오하이오에서 점심을 먹으며 밤에는 남부의 강어귀에서 깃털을 다듬지 않는가.

*

하지만 우리는 가로장 울타리를 허물고 농장에 돌담을 쌓으면 그때부터 우리 삶에 경계가 지어지고 운명이 결정된 것처럼 여긴다.

*

우리 항해는 대권항법에 불과하며 의사들은 피부병 약만 처방해줄 뿐이다. 기린을 사냥하려고 남아프리카로 달려가는 사람도 있지만, 기린이 그가 쫓아야 할 사냥감이 아닌 것만은 분명하다. 설령 그가 기린을 사냥할 수 있더라도 얼마나 오랫동안 추적하겠는가? 꺅도요와 멧도요도 비할 데 없는 재미를 줄 수 있지만, 나는 자기 자신에게 총을 겨냥하는 게 더 고귀한 놀이일 거라고 굳게 믿는다.

*

그대의 눈을 안쪽으로 향해 보라.
그러면 그대의 마음속에서
아직 발견되지 않은 천 개의 지역을 발견하게
되리라. 그곳을 여행하여
마음속 우주학의 전문가가 되어라.

*

자신을 존중하는 자긍심은 조금도 없이, 작은 것을 위해 큰 것을 희생하여 애국자가 되는 사람들이 있다. 그들은 자신의 무덤이 만들어질 땅은 사랑하지만, 그들의 몸을 빚은 진흙에 아직도 생명의 기운을 불어넣고 있을지도 모를 정신과는 조금도 교감하지 않는다. 애국심은 그들의 머릿속에 있는 구더기, 즉 망상이다.

*

아프리카 잔지바르 섬에 고양이가 몇 마리나 있는지 세어보려고 세계를 한 바퀴 돌아갈 필요는 없다. 하지만 더 나은 일을 찾기 전까지는 그렇게라도 하라.

*

진정으로 인간다운 행동은 사회에 그런 태도를 취하는 게 아니라, 자기 존재의 법칙에 순응할 때 취하게 되는 마음가짐을 의연히 유지하는 것이다.

*

우리가 꿈꾸는 방향으로 자신 있게 나아가며 머릿속으로 상상하던 삶을 살려고 노력하면, 평범한 삶을 살 때는 생각지도 못했던 성공을 만나게 된다는 것이다. 그때 우리는 여러 가지 것들을 잊고 보이지 않는 경계를 넘어갈 것이다. 새롭고 보편적이며 훨씬 더 자유로운 법칙이 주변에, 또 우리 내면에 자리 잡게 될 것이다. 그렇지 않으면 예전 법칙들이 넓게 확대되어, 과거보다 더 자유롭게 우리의 처지를 헤아리는 방향으로 해석될 것이다. 우리가 삶을 단순하게 꾸려가면 그에 비례해서 우주의 법칙도 덜 복잡해질 것이다. 그때부터 고독은 고독이 아닐 것이고 가난은 가난이 아닐 것이며 유약함도 유약함이 아닐 것이다.

*

나는 경계가 없는 어딘가에 대해서 말하고 싶다.
잠에서 막 깬 사람이 이제 잠에서 깨어나고 있는
사람들에게 말하는 것처럼 말하고 싶다.

*

우리 그림자가 태양을 향해 보이지 않게 땀을 흘리듯, 우리는 미래 또는 가능한 것을 생각하며 앞쪽에 희미하고 어렴풋하게, 여하튼 명확하게 선을 그어 놓지 말고 약간은 느슨하게 살아야 한다. 우리 언어이 덧없는 진실은 잉여적인 말의 부적절함을 끊임없이 폭로하는 듯하다.

영국에서는 감자 역병의 치료법을 알아내려 애쓴다고 하는데, 그보다 훨씬 광범위하고 치명적으로 퍼져 있는, 머리가 썩는 병을 치료하려는 노력은 어디에 있는가?

*

우리는 왜 그처럼 성공하려고 필사적으로 서두르며 그토록 무모한 도전을 하는 것일까?

115 Km

*

대부분의 경우, 우리는 지금 있는 곳에 있지 않고 거짓된 곳에 있다. 우리는 천성이 유약해서 어떤 경우를 상상하고 자신을 그 경우에 집어넣는다. 따라서 우리는 동시에 두 경우에 놓여 있기 때문에 그런 지경에서 벗어나기가 두 배나 어렵다. 분별력이 있을 때 우리는 사실, 즉 실제로 존재하는 경우만을 본다. 남들이 듣기 좋아하는 말을 하지 말고, 정말 말해야 하는 것을 말하라. 어떤 진실도 거짓보다는 낫다. 땜장이인 톰 하이드는 교수대에 섰을 때, 남기고 싶은 말이 있느냐는 질문에 "재봉사들에게 바느질을 시작하기 전에 실을 매듭짓는 걸 잊지 말라고 전해주시오"라고 말했다. 이 말은 지금까지 전해지지만, 그 친구의 기도는 잊혀 전해지지 않는다. 당신의 삶이 아무리 보잘것없더라도 그 삶을 기꺼이 받아들여 살도록 하라. 삶을 회피한다거나

욕하지 마라. 당신의 삶이 당신만큼 엉망이지는 않다. 당신이 가장 부자일 때조차 당신의 삶은 초라하기 그지없어 보인다. 흠잡기 좋아하는 사람은 천국에 가서도 흠을 잡을 것이다. 당신의 삶이 보잘것없더라도 그 삶을 사랑하라. 비록 당신이 구빈원 신세를 지고 있더라도 그곳에서 유쾌하고 감동적이며 즐거운 시간을 보낼 수 있다. 지는 해는 부자의 저택에서나 양로원의 창에서나 똑같이 반사된다. 봄이 오면 양로원 문 앞에서도 똑같이 눈은 녹는다. 삶을 차분하게 바라보는 사람은, 그런 곳에 살더라도 마치 궁전에 사는 것처럼 만족스럽게 살며 즐거운 생각을 떠올릴 수 있을 것이다.

*

그가 시간과 타협하지 않았기 때문에, 시간은 그를 정복하지 못해 그를 피해가며 멀리에서 한숨만 내쉴 뿐이었다.

*

향초를 가꾸듯 단조롭게 삶을 가꾸어라. 옷이든 친구든 새것을 얻겠다고 안달하지 마라. 헌 옷이면 뒤집어 입고, 옛 친구들에게 돌아가라. 세상은 변하지 않는다. 우리가 변할 뿐이다. 옷은 팔더라도 생각은 그대로 간직하라. 당신이 혼자 있고 싶어한다는 사실을 신은 아실 것이다.

*

뼈 가까이에 있는 삶, 즉 단조로운 삶이 가장 달콤한 삶이다. 게으른 삶을 살지 않고 더 높은 차원에서 사는 너그러운 사람이라면 누구도 낮은 차원에서 손해를 보지 않는다.

*

그가 사과나무나 떡갈나무처럼 빨리 성숙해야 할 이유는 없다. 남들과 보조를 맞추려고 그가 자신의 봄을 여름으로 바꿔야 하는 것인가?

*

사랑보다, 돈보다, 명성보다 내게는 진실이 필요하다. 나는 기름진 음식과 향기로운 포도주가 넘쳐나는 식탁에 앉아 아첨 어린 시중을 받았지만, 성실과 진실은 거기에 없었다. 따라서 나는 굶주린 채 그 썰렁한 식탁을 떠났다. 손님 대접이 얼음 사탕처럼 차가웠다. 얼음 사탕을 얼릴 얼음이 필요 없다는 생각까지 들었다. 그들은 포도주가 몇 년을 묵었고, 포도주를 양조한 해가 얼마나 유명한 해인가에 대해 내게 말했지만, 나는 더 오래되고 더 새로우며 더 순수한 포도주, 즉 그들이 얻을 수도 없고 돈을 주고 살 수도 없는 포도주를 머릿속에 떠올렸다. 유행, 저택과 정원, '접대'는 내게 별다른 의미를 갖지 못한다. 내 왕을 방문했지만, 그 왕은 나를 커다란

*

방에서 기다리게 하고 손님을 접대하기에 부적합한 사람처럼 행동했다. 옛날 내 이웃 중에는 속이 빈 나무에서 살던 사람이 있었다. 그의 태도야말로 진정 왕다웠다. 차라리 그를 방문했다면 더 나을 뻔했다.

*

검소한 생활은 멋진 것이다. 인생을 빈둥거리며 보내지 않도록 도움받게 된 것이니까.

*

우리 눈을 멀게 하는 빛은 우리에게 어둠과 다를 바가 없다.

*

이웃들은 유명한 신사, 숙녀와 함께 겪은 모험담들, 또 그들이 저녁 식탁에서 어떤 저명인사를 만났는지 내게 말해준다. 그러나 나는 그런 것에는 일간신문에 실린 기사의 내용만큼이나 관심이 없다. 그들의 관심과 대화는 거의 언제나 옷차림과 몸가짐에 관한 것이다. 그러나 기러기는 아무리 잘 꾸며 입혀도 기러기일 뿐이다.

사과나무로 만든 오래된 탁자의 바싹 마른 나무판에서 기어나온, 아름답고 생명력 넘치는 벌레에 대한 이야기다. 처음에는 코네티컷, 그 후에는 매사추세츠에서 어느 농부의 부엌에 60년 동안이나 놓여 있던 탁자였다. 벌레가 나온 곳에서 바깥쪽의 나이테를 헤아려보면, 60년 전보다 훨씬 전에 살아 있던 나무에 깐 알에서 나온 벌레였다. 커피 주전자의 열기로 부화한 것인지, 벌레가 나오기 수 주 전부터 나무를 갉아먹는 소리가 들리곤 했다. 이 이야기를 듣고 부활과 영생에 대한 믿음이 한층 깊어짐을 느끼지 않을 사람이 있을까? 날개 달린 아름다운 생명체의 알이 처음에는 푸른생나무의 백목질에 있었지만, 그 후에는 무수한 동심원을 그린 목재의 나이

테 아래에 말라 죽은 생명체처럼 오랫동안 묻혀 지냈고, 그 과정에서 나무는 생명체의 무덤처럼 조금씩 변해갔다―수년 전부터 식구들은 식탁에 둘러앉아 즐겁게 식사할 때 그 생명체가 밖으로 나오려고 나무를 갉아먹는 소리를 듣고 깜짝 놀랐을 것이다.

*

우리는 지구에 살고 있지만, 지구의 얇은 껍데기에 대해서만 알 뿐이다. 지금껏 지표에서 6피트 아래까지 파본 사람이 거의 없고, 지상으로 6피트 위까지 뛰어오른 사람도 거의 없다. 우리는 지금 우리가 어디에 있는지도 잘 모른다. 게다가 우리에게 주어진 시간의 거의 절반을 잠으로 보낸다. 그런데도 스스로 현명하다고 생각하며, 지구의 표면에 나름의 질서를 세웠다. 정직하게 말해서, 우리는 깊이 생각하는 사람들이고 야심 찬 사람들이다!

에필로그 _____

태양은 아침에 뜨는 별에 불과하다.

단조로운 삶이
가장 달콤한
　　　삶이다.

1845년 봄, 이 집을 28달러를 들여 짓고 완성된 집으로 들어가 2년 2개월을 살며 '월든'을 집필했다.

헨리 데이비드 소로의 동생 소피아 소로 그림. 월든의 책 표지로도 사용되었다.

헨리 데이비드 소로가 2년여간 오두막에서 살며 사색했던 월든 호수.

소로의 묘비.